Emoções:
33 Poemas

Saldira Saldanha

NONSUCH MEDIA PTE. LTD.

Este livro é inteiramente uma obra de ficção. Qualquer semelhança com pessoas reais, vivas ou mortas, acontecimentos ou localidades é inteiramente coincidente.

Todos os direitos reservados. Nenhuma parte desta publicação pode ser reproduzida, armazenada ou transmitida sob qualquer forma, ou por qualquer meio, eletrónico, mecânico, fotocopiador, gravação, digitalização, ou outro, sem autorização escrita da editora. É ilegal copiar este livro, afixá-lo num website, ou distribuí-lo por qualquer outro meio sem autorização.

Para solicitar permissões, contactar a editora em info@nonsuchmedia.com.

ISBN: 978-1-954145-38-2

Primeira edição publicada em 2022

Título: Emoções: 33 poemas

Autora: Saldira Saldanha

Editore: A. Lee

Design de Capa: Elisa Reis para Nonsuch Media Pte. Ltd.

Execução Gráfica: Elisa Reis para Nonsuch Media Pte. Ltd.

Copyright © 2022 Nonsuch Media Pte. Ltd.

O autor fez todos os esforços para fornecer informações precisas no momento da publicação; nem a editora, nem o autor assumem qualquer responsabilidade por erros ou por alterações que ocorram após a publicação. Além disso, a editora não tem nenhum controlo e não assume nenhuma responsabilidade pelo autor ou websites de terceiros, ou pelo seu conteúdo.

Índice

Qual o papel das emoções na nossa vida?	8
Conhecimento interior	10
Conhece-te a ti mesmo	14
A minha existência	16
Viver com alma	18
A Tristeza	20
A Raiva	24
A Frustração	26
A Escuridão da alma	30
Amor	34
Ingenuidade	36
Sentir admiração	38
Alegria	42
Mãos abertas	46
Resiliência	48
Paz	50
O Luto	52
A Saudade	56
Desprendimento	58
Quando o desprendimento chega	60
Pés descalços	62
Sinceridade	64
Autoestima	66
Mágoa...	68
Infelicidade	72
Surpresa uma emoção!	74

Nojo afasta-te de mim... 76
Nostalgia 78
Ansiedade 80
Estranhamento 82
Que emoção tão forte...arrebatamento! 84
Livre de preconceito 88
Segredos que guardo 90

Qual o papel das emoções na nossa vida?

O papel das emoções é muito relevante
Podem direcionar a nossa vida,
A nossa predestinação

São o que nos dá motivação,
E fazem-nos prosseguir o nosso caminho
Quando a jornada não é inteligível
Dão-nos ousadia para enfrentar qualquer provocação
Ensinam-nos as precedências
E mostram-nos o valor da existência.

Emoções apoiam-nos a expressar o que sentimos
E permitem-nos abrir as nossas mentes para novos horizontes
Ajudam-nos a conectar com aqueles que idolatramos
Criando um sentimento de unidade e de compreensão
Emoções permitem-nos celebrar as alegrias da vida
Apreciando cada momento como se fosse único
Dão-nos ânimo para enfrentar os obstáculos
E fornecem-nos soluções para os problemas que enfrentamos
Ajudam-nos a conectar-nos com o mundo
E a absorver cada momento
Permitindo-nos descobrir a vastidão da vida.

Emoções são o que nos dão força para resistir às tempestades
E desfrutar dos prazeres de navegar num mar calmo
Tornando a vida mais rica e agradável
E nos ajuda a encontrar o verdadeiro significado de contentamento
Aprendamos a controlá-las
E a usar as nossas emoções de maneira saudável
Para podermos viver satisfeitos e concretizados
Dão-nos intuito para avançar
E guiam-nos a fazer escolhas certas
Ajudam-nos a crescer como seres humanos,
E ensinam-nos o verdadeiro significado de existir!

Conhecimento interior

Dentro de mim, existe um mundo
Cheio de segredos e mistérios
Revelado apenas ao meu próprio ser
Encontrando o meu conhecimento interior
Escondido entre pensamentos profundos
Onde segredos são revelados

Registando passagens de sabedoria
Ensinando-me a conhecer a minha alma.

O meu coração abriga uma fortuna
Rica e poderosa, cheia de profundeza
E as minhas experiências ensinam-me,
Sentimentos profundos, a essência necessária.

O conhecimento interior é como uma chave
Que desbloqueia tudo o que é indispensável
Para aprendermos a viver em paz,
E a seguir os sonhos, com coragem e determinação.

Há momentos de tristeza, confusão e dor,
Mas o profundo conhecimento existe para me guiar
Para poder-me libertar das minhas limitações,
E viver com mais consciência, afeto e liberdade.

O conhecimento interior é a luz que me guia
Nos momentos de escuridão, quando nada faz sentido
Abraça-me como um grande brilho, nos dias mais sombrios
E faz-me acreditar que tudo vai ficar bem.

É a partir do meu próprio conhecimento interior
Que encontro o meu trilho e a minha verdade
Através dessa jornada, encontro-me com o meu verdadeiro eu
Aprendendo a conhecer e aceitar quem realmente sou.

Esse é o caminho de conhecimento interior
Que me ensina a viver com mais consciência e sabedoria
Depois que encontro esse lugar dentro de mim
Tudo passa a fazer sentido e as contestações aparecem.

Aprendo a aceitar, compreender e olhar para dentro
Para revelar o verdadeiro eu, livre de dúvidas e medos

Posso abraçar a vida com toda a coragem,
E viver feliz, em paz e harmonia.

Vou abraçar cada parte de mim, descobrindo o meu lugar no mundo
A minha missão na vida, encontrando a minha voz interior,
E abraçando os meus medos, vou revelar-me com todo o meu potencial.
Encontro-me e descubro o conhecimento interior.

Conhece-te a ti mesmo

Enfim, é tempo de encontrar
Onde o nosso coração jaz,
Para começar a entender
Quem somos e como somos feitos.

Um longo caminho nos aguarda
Por onde precisamos passar,
Para conhecermos o que somos,
E onde está a nossa verdadeira essência.

Poemas escritos em versos antigos
Ensinam-nos lições de vida
Onde cada palavra nos encoraja
A trazer o melhor de nós mesmos.

É necessário olhar para dentro,
E entender o que procuramos
Sem perder a curiosidade
De descobrir quem somos e a nossa sorte.

A cada passo que damos,
Aproximámo-nos do conhecimento,
E descobrimos o milagre da vida
Que nos ensina a amar e aceitar-nos a nós mesmos.

Quando abraçamos quem somos,
E percebemos que existimos para o bem
O encanto da vida toca-nos,
E o nosso coração torna-se livre.

É assim que nos conhecemos a nós próprios,
E entendemos que somos muito mais do que imaginamos
É um caminho de descobertas e evolução
Numa jornada de amor infinito.

Compreender quem somos é o grande mistério,
Mas quem o procura encontrará a verdadeira essência
Pois é só olhando dentro do próprio coração
Que descobrimos que somos incrivelmente magníficos.

A minha existência

Eu sou a minha própria existência,
Um ser cheio de perspicácia.
Sou mais que um simples corpo material,
Uma alma com muitas histórias contadas.

Vivo os meus dias a sonhar,
À noite trago a calma sempre percebendo.
Não sou de muitas palavras,
Mas o que pronuncio vem do meu coração.

Lembro do tempo vivido e dos erros cometidos,
Ouço a minha consciência e procuro o genuíno.
Vivo o meu presente com grandes planos,
Corro atrás dos meus objetivos sendo quem sou.

O meu ser é único entre muitos outros,
Igual somente em desejos e sonhos.
Mas o que faz diferente é minha vontade de vencer,
Assim existo como um ser único a prosperar.

Estou aqui para crescer e aprender,
Para viver intensamente e ter o meu merecer.
Como uma estrela brilhando no céu,
Eu sou a minha própria existência e isso é lindo de se ver.

Até o fim dos tempos,
Eu vou ser sempre quem sou.
Vou viver a minha vida como devo,
E ninguém jamais me vai conter.

Sou a minha própria existência,
Uma alma real que se sente em plena liberdade.
Vivo assim com muito amor,
E abraço a minha jornada.

Viver com alma

É viver na liberdade, sem medo e com alegria
É sentir-se livre para se mover por onde se deseja
Levando consigo paz e tranquilidade.

É respirar o ar da vida plenamente
Sempre com esperança e fé em dias melhores
Para conquistar o que deseja viver
É ter consciência dos seus próprios limites.

É sentir-se livre para amar quem se deseja
Sem julgamentos de outrem que possam abalar
É sentir-se livre para sonhar alto
E saber que é preciso ter força e coragem.

É ter a liberdade de escolher sempre o caminho
E nunca desistir daquilo que se acredita
Viver com alma livre é encontrar na vida o equilíbrio
Entre um bom sonho e um belo caminho.

É abrir os olhos para ver o que realmente importa
E viver com a alma livre
Acreditar que embora a vida seja pesada
É preciso nunca desistir.

Com perseverança e determinação tudo pode ser alcançado
E assim chegará mais perto do objetivo
Viver com alma livre é abraçar a vida e as suas belezas
sem medo de equivocar-se.

É sentir o vento nos cabelos
E perceber que nada é inexecutável quando há esperança
É encontrar na vida a simetria e a tranquilidade que procura
E finalmente compreender o seu verdadeiro sentido.

Viver com alma livre é simplesmente ser feliz
É viver com paixão e determinação
É entender o significado da vida
É abraçar a riqueza da vida, e usufruir de cada momento.

A Tristeza

A tristeza é como um peso que se assenta no peito,
Tornando-o difícil de respirar.
É como uma nuvem escura que o segue,
Derramando no seu desfile.
É uma sensação de vazio e solidão,
De estar perdida e sozinha.

A tristeza pode ter muitas causas
Uma perda, uma desilusão.
Pode ser avassalador e aniquilador,
Impedindo ponderar ou prosseguir.

A tristeza é frequentemente acompanhada
Por sentimentos de isolamento,
Desespero e inutilidade.
A tristeza é apenas uma emoção,
E passará.

Consagre algum tempo a sentir as suas agitações,
Permita-se sentar na tristeza,
E chorar se for imprescindível.
Honre os seus sentimentos e identifique a sua presença.

Não tenha vergonha de se sentir prostrado.
Respire fundo,
Não há problema em sentir-se assim.
A tristeza pode ser avassaladora,
E levar à depressão.
Se não conseguir,
Há pessoas que o ouvirão
E o apoiarão incondicionalmente.

Ninguém deve cruzar pela tristeza isolado.
Não está só nisto,
E as suas emoções são marcantes.
Com o tempo, a tristeza desaparecerá
E o sol voltará a brilhar.
Pode retardar um pouco,
Mas estes sentimentos irão desvanecer-se.

Concentre-se na cura,
Faça algo que lhe traga alegria.
Mantenha-se ligado aos seus entes queridos,
E encontre força no seu amparamento.

A Raiva

A raiva é como fogo
Que queima e destrói
Não há nada que a apague
Ela espalha-se por todo lugar
Destruindo tudo o que encontra

É uma força destrutiva
Que não tem limites.

A raiva é como um rio furioso
Que avança sem medidas
E inunda tudo o que encontra
É uma onda devastadora
Que não tem fronteiras.

A raiva é como uma tempestade emocional
Que nos enfurece e nos desequilibra
Não há nada que possa detê-la
Ela é uma força poderosa
Que não tem obstáculos.

A raiva também é passageira
Com o tempo vai esmorecer
E nos deixará com uma sensação de paz
E então, podemo-nos curar.

A raiva é como um sentimento místico
Que nos ajuda a encontrar o caminho certo
É uma força que transmuta
E nos ensina a viver.

Não tenha receio da raiva
Deixe-a fluir e aprenda a controlá-la
E descobrirá
Que pode ser uma força para o bem.

Estas palavras nos guiarão
Para lidar com a raiva sabiamente
Renovaremos a nossa predestinação
E reaveremos a paz interior.

A Frustração

Não consigo mais escrever,
Os versos não querem sair,
A inspiração desvaneceu,
É a frustração a apropriar-se.

Tudo que eu tento construir
Não dá certo,
E eu só me pergunto,
Por que isso tudo sucede comigo?
Isso é demasiado frustrante,
Eu não sustenho mais,
Quero resignar.

A frustração continua a usurpar,
Eu tento de tudo,
Mas não consigo vencer,
E a sensação é de fracasso.

Tudo que eu faço é inadequado,
Nada dá certo para mim,
E é como se o mundo inteiro conspirasse
Para eu malograr.

É muito desconcertante,
Eu não suporto mais,
Preciso de um final bem-aventurado.

Eu preciso vencer o desencanto,
Eu não quero abandonar,
Quero continuar a tentar até alcançar.

A desilusão vai-me vencer,
Se eu agora desistir,
Mas se eu continuar a batalhar,
Ela vai tombar.

Vou-me levantar e continuar,
Até que a frustração me abandonar,

E eu consiga alcançar o meu sonho,
E finalmente triunfar.

Eu vou enfrentar,
Até o fim,
Até a frustração se desvanecer,
Dentro de mim!

A Escuridão da alma

A escuridão da alma,
É como um poço profundo e interminável,
Um lugar onde habitam todos os seus medos,
E todos os seus segredos se escondem.

É um lugar onde não se pode escapar,
Não importa o quanto se tente,
Um lugar onde se está ermo,
E ninguém o ouve a lastimar.

É um lugar onde não se pode esconder,
Um lugar onde não se pode correr,
Dos demónios que o assombram.
Um lugar onde se está perdido para sempre,
Na escuridão da alma.

A luz da lua derrama sobre a terra,
Uma carícia suave para a acalmar.
As estrelas observam silenciosamente,
Guiando-nos na nossa viagem pela existência.

Estamos todos ligados pelo universo,
Tudo parte de um plano maior.
Afortunadamente existe um projeto superior na vida,
E ajuda-me a compreender.

A beleza do céu noturno,
Nem sempre durará.
A partir de um canto distante do universo,
Dá-nos alento e inspiração.

Ao olhar para as estrelas,
Recordo-me de que tudo é exequível.
Não importa a distância que pareçam permanecer,
Podemos erguer-nos acima dos conflitos e alcançá-las.

Tire um momento e faça uma pausa,
Para apreciar a beleza do céu infinito.

Deixe-o encher o seu coração de ilusão,
E nunca esquecer a sua aptidão.

Que o céu noturno seja o farol de luz,
E o guie no caminho.
Deixai que a sua formosura lhe encha de ânimo e robustez,
Para conquistar qualquer obstáculo no caminho.

Enquanto as estrelas cintilam e brilham,
Recorde-se que pode tocá-las.
E que dão energia e bravura na viagem.
Para conquistar o que consagra.

Amor

O amor é uma viagem que não pode ser interrompida,
Nem perder de vista o que é marcante.
Por mais difícil que possa parecer no início,
O amor nos acompanhará sem falta em qualquer contrariedade!

O amor faz com que cada momento seja vivido,
Se lhe for dado tempo suficiente!
Nunca desista de futuros felizes,
Pense nos seus sonhos como um farol na escuridão.

O amor é a chave,
Que abre as portas para os pilares da vida!
Quando a vida nos dá um passaporte em forma de coragem,
Segure-o com energia!

Todo o esforço valerá a pena quando chegar ao destino,
Aceite o amor e deixe que o guie para novas paisagens.
Mantenha a fé no seu coração,
Acredite que existe uma arte de o obter!

Saiba que nas horas mais difíceis,
O amor é a força para prosseguir.
Faça essa viagem de amor sem medo de desistir,
E o amor nunca ficará para trás.

Vamos todos juntos numa jornada de amor,
Siga o seu coração e alegre-se ao longo da senda,
O amor está lá para nos guiar,
É uma viagem cheia de surpresas que aguardam para serem descobertas.

Encontra o amor,
Quando a vida nos dá desafios,
O amor é a nossa maior motivação,
E pode levar-nos a lugares inimagináveis!

Ingenuidade

Aquela criança tão pura,
Trazia asas de inocência nas costas.
Com olhos imensos e curiosos,
E o coração ainda mais desimpedido que o mar.

Pergunto-me como aquela criança pode
Ser tão livre e feliz assim.
Ela lançava o seu olhar sobre a terra,
Sem nunca ter medo de algo obscuro.

Eu aprendi com ela as lições mais preciosas,
O valor da simplicidade e do sorriso de verdade.
A beleza da natureza e a música dos rios que cantam,
E as lágrimas que o vento carrega no seu caminho.

É com esses olhos de luz que eu me fortaleço,
Até mesmo às vezes quando a tristeza parece ganhar.
É com esta ingenuidade que eu busco libertar-me,
E lembrar que o amor é sempre maior que o medo.

Que as lágrimas sejam poucas,
E que os sorrisos sejam muitos.
Que nenhum de nós se esqueça de sonhar,
No final, só a pura bondade é capaz de nos guiar.

E que a criança dentro de nós nunca se perca,
Aquela criança tão pura e cheia de ingenuidade!
Que posso ver refletida no meu espelho,
Sempre com o coração aberto para o amor!
Com asas de inocência nas costas,
A tornar tudo mais ligeiro e sublime!

Sentir admiração

Admiro a bela luz do dia,
A tranquilidade da noite,
O brilho das estrelas,
E o encanto dos raios do luar.
Admiro o riso de um bebé,

As ondas a quebrar na praia,
A beleza dos céus deslumbrantes,
E as frondosas florestas.
Admiro a força de um rio,
As flores que abrem ao amanhecer,
O murmúrio das águas do lago,
E as profundezas do mar.
Admiro a alegria no rosto das crianças,
A amizade que une os corações iguais,
A sabedoria dos velhos sábios,
E a vontade de todos os que sonham.
Tudo isso enche-me de admiração,
E faz de mim um ser melhor.
Eu celebro a beleza deste mundo,
Agradecendo por tamanha perfeição.
Admiro o amor nos olhos,
A compaixão nos corações,
A bondade que vem de dentro,
E a força dos mais fracos.
Admiro a vida como um grande dom,
A oportunidade de mudar o mundo,
Para que possamos todos viver em harmonia,
E criar um futuro mais próspero para nossas gerações.
Admiro a luta pelo direito,
A busca por justiça e paz,
E o belo trabalho realizado,
Para um mundo melhor para nós.
Admiro cada dia que passa,
Tudo o que aprendemos e partilhamos,
O que nos faz crescer e evoluir,
E o que nos motiva a sempre caminhar.
Admiro a humanidade na totalidade,
Por tudo que ela conquista, aprende e ensina,

Somos capazes de realizar grandes mudanças,
Em busca de um futuro mais glorioso.
Admiro poder ver a beleza deste mundo,
Todos os encantos que possui,
E as bênçãos que nos traz,
E assim sigo admirando a vida,
É tão rica de surpresas e encantamento.
Vou apreciar cada momento,
E abrir-me para toda a maravilha que nos traz.

Alegria

A alegria é uma sensação incrível,
É um sentimento maravilhoso,
Que nos faz sentir bem,
E nos dá força para seguir.

A alegria é algo que todos carecemos,
Que nos traz felicidade,
E nos faz esquecer os dilemas,
Para vencermos as complexidades.

A alegria é uma bênção que Deus nos concede,
Quando estou triste, a alegria vem-me visitar,
E faz-me sorrir de novo,
Para viver em harmonia.

Eu vou viver alegremente,
É bom sentir a alegria,
E deixar-me transportar pelo entusiasmo,
Para encontrar novas oportunidades.

Vou abrir-me ao mundo,
A alegria é tudo que preciso,
Para vencer as disputas da vida,
E superar as minhas barreiras.

Eu sei que a alegria é magnífica,
Consegue mudar o mundo,
E levar-me para onde eu quero permanece
Para viver com regozijo cada momento!

Vou viver para sempre com veemência,
Abraçando a alegria,
E tê-la como parceira,
Para encontrar o caminho da felicidade!

A alegria é o meu maior tesouro,
Porque dá-me energia para triunfar,
E vencer todas as complicações,
Para que nunca renuncie o sonhar.

Quero sentir a alegria em cada passo,
Sorrir de orelha a orelha,
Vou abraçar a alegria para sempre,
É um mundo cheio de encantos!

Mãos abertas

Mãos abertas são como uma janela
Para o amor que existe dentro de nós
Ajudam-nos a encontrar um significado na vida
Enquanto nos damos a oportunidade de servir e de presentear.

Mãos abertas ensinam-nos a receber
A luz e o amor que existem dentro de nós
Inspiram-nos a sermos magnânimos
E a partilharmos o nosso tempo.

Mãos abertas colocam-nos de volta no caminho certo
Nunca nos dececionam quando precisamos de ajuda
Mostram-nos a seguir o coração
Em vez do carreiro da lógica.

Mãos abertas dão-nos a oportunidade de curar
Ao partilharmos o nosso amor e carinho
Mostram-nos que, quando somos caridosos
O amor é incomensurável.

Mãos abertas dão-nos a oportunidade de crescer
Permitirem oferecer o que temos de melhor
Ensinam-nos a importância de estar disposto
A repartir de forma generosa.

Mãos abertas lembram-nos de preservar a esperança
Quando tudo parece perdido
Exibem que com perseverança e fraternidade
Tudo é exequível nesta vida!

Resiliência

Éramos fortes, mas agora somos ainda mais,
A vida ensinou-nos a ter uma força ímpar,
Não há vento que possa abalar o nosso espírito,
Mesmo com as adversidades sempre batalhamos.

Não sucumbimos ao desânimo que nos dissipava,
Vencemos todos os obstáculos que encontrávamos,
Enfrentamos o medo e as dores com ousadia,
Juntos enfrentamos qualquer tormenta.

Com a força da nossa vontade, somos inabaláveis,
Derrotamos todos os desafios que advinham,
E quando o conseguimos, sentimos uma grande jubilação.
Éramos vigorosos, mas agora somos ainda mais.

Após tudo o que passamos, nos tornamos resiliente,
Transformamos as fraquezas em grandes forças,
E com uma energia renovada continuamos a nossa caminhada,
Vivemos com mais coragem e determinação.

E mesmo quando o caminho é difícil, não desanimamos,
Lutamos até que os nossos sonhos se tornem realidade.
Vivemos com amor, carinho e resiliência,
E caminhamos juntos para um futuro cheio de esperança.

Fomos fortes, mas agora somos ainda mais,
Vencemos todos os desafios que nos depararam,
E nos momentos difíceis, tornámo-nos estoicos.
Nada pode abalar o nosso espírito!

Paz

A Paz vem como a luz do sol,
E traz consigo muita calma e serenidade,
Onde houve ódio, agora paira o amor,
Onde havia conflito, oramos por Paz.

Todos vivemos em harmonia,
Todas as raças unidas como irmãos,
Com o abraço da amizade,
E a preencher o mundo com muita benignidade.

Os corações e as mentes se abrem,
Há uma força de união que nos une,
E na terra onde nasce a Paz, inspira e motiva,
A todos para viverem em harmonia.

Nunca quebre, nunca destrua,
Mas aprenda a amar e a partilhar,
A Paz acompanha-nos, todos os dias,
E os nossos corações encher-se-ão de dileção.

Que possamos viver em comunhão,
Sem rancor, ódio ou discriminação,
Neste mundo de igualdade, onde há Paz,
Tornando um lugar melhor para se existir.

Que o amor esteja no nosso coração,
E faça com que a felicidade avassale,
Unindo todos nós e todas as coisas,
Criando um mundo de tranquilidade e serenidade.

Que possamos ter a força para lutar,
Por menos dor, desespero e guerra,
E que no final possamos abraçar a Paz,
Que se possa unir toda a humanidade.

E que os sonhos de um mundo melhor,
Finalmente se tornem realidade!

O Luto

Chorando o meu luto,
Por um alguém querido que partiu,
Recordações de alegrias e tristezas,
São tudo o que restaram.

Saudades do nosso tempo juntas,
Aqueles momentos especiais que partilhamos,
Regressam à minha mente,
E fazem-me sorrir.

Também me sinto triste na saudade,
Lamentando a tua partida.
Não há palavras para expressar o meu luto,
Mas sei que estarás sempre aqui.

O meu coração partido relembra o teu amor,
Agora é apenas um eco na minha alma.
A vida parece tão fria e sem sentido,
Sem a tua presença aqui.

Não posso evitar o meu luto,
Mas tenho a esperança de encontrar a paz interior.
Procuro reconforto,
Mesmo que não saiba o que fazer.

Agora sou forçada a seguir,
Cegamente no meu doloroso luto.
De alguma forma consigo avançar,
Com esperança do atravessar.

Cada vez que eu olho para o céu brilhante,
Vejo os anjos a guardar-nos na calmaria da noite,
Enviam o teu abraço amoroso,
Ajudando-me a superar o meu luto profundo.

E mesmo com toda a tristeza, eu ainda sorrio,
Sinto que estás perto de mim.
A dar-me energia para encarar a vida,
Sei que me ajudas a ficar bem.

Mesmo que não possa rever-te,
Os teus ensinamentos vivem em mim.
Ajudam-me no processo do luto,
Recordando-me do teu amor eterno.

Um dia nos reencontraremos novamente,
Mas por enquanto estou aqui, lacrimejando o meu luto.
Sentindo muitas saudades,
E lembrando de todos os momentos felizes que partilhamos.

A Saudade

Saudade é como um vazio no peito
Que nós preenchemos com recordações
De momentos bem-aventurados
Que não mais vamos reviver.

Saudade é quando nós queremos
Falar com alguém que partiu
Mas não temos intrepidez
Por medo de receber uma resposta pesarosa.

Saudade é o que nos faz acreditar
Que um dia nos vamos reencontrar
E aqueles momentos tristes vão passar
E tudo será alegre novamente.

Saudade é quando olhamos para cima e suspiramos
Pensando naquele que não está mais connosco
Quem foi embora sem despedida
E deixou-nos com saudade.

Mas saudade não é só melancolia
É também alento de que um dia
Talvez num lugar muito distante
Vamos reencontrar-nos.

Todos os momentos felizes voltarão à mente,
E teremos saudade, sim
Mas com um brilho especial no olhar
Por a saudade ser o que nos mantém ligados,
Quando estamos separados.

Saudade é uma ligação que ninguém pode romper
Uma recordação que nos mantém vivos
E um sentimento que nunca vai desaparecer.

Saudade é o amor eterno que nos une
É algo que todos nutrem,
E que nos faz reviver o quanto foi bonito
O tempo em que estivemos juntos.

Desprendimento

Não me surpreende mais
Que a vida não é um conto de fadas
Estou ciente de que tudo tem o seu fim
E que as coisas se transformam.

Quando lhes olho nos olhos
E vejo a sua alma triste
Lembro-me que nada dura para sempre
E que a verdade é tão simples e clara.

A vida muda, as pessoas renovam-se
O amor é fugaz como um sopro de vento
E as alegrias desvanecem-se velozmente
Trazendo consigo saudades.

Não há como retroceder
Apenas aceitar o que é autêntico
Despedidas são inevitáveis
E o sol poente nos liberta.

Mas não podemos desanimar
Por a vida ser um círculo imortal
E o tempo passa, mas as memórias permanecem
Vamos deixar o passado para trás
E abraçar o futuro que nos aguarda
Despedir-nos é difícil, mas indispensável
Por a vida ser feita de desprendimento.

Quando o desprendimento chega

Se eu pudesse sussurrar ao meu coração
Desligar os medos, libertar as emoções
Lutar pelo que vale a pena, na direção certa

Vencer o mundo com gestos de amor
E escrever o que há de melhor
Com todos os meus versos unidos
Quebrando as correntes, para a liberdade fluir
Olhar para dentro, perceber toda a dor
Sentir a energia criativa inundar
O coração a vibrar, pronto para desenvolver
Aprender a se amar
Descobrir que nem tudo é nítido
Que cada um move-se na sua verdade
E é possível descobrir, os seus próprios atalhos
Para desprender-se e transformar a existência
Criando força suficiente para navegar
Ao longo do rio da incerteza sem temor
E parar no porto do crescimento pessoal
Aqui descobrir a liberdade de viver
Voltar e recomeçar, à mesma rota
Sempre desejando mais, ser feliz por inteiro
E é agora, que vem a consciência
De se desprender e partir para novos destinos
Abraçar a nova direção, com toda força
Deixando que os ventos da vida soprem
Trazendo novas experiências e possibilidades
Para seguir adiante em busca de um propósito
Aprenda a deixar o passado para trás
Abrace as novas experiências que o meio oferece
Aprenda a se desprender e recomeçar noutro lugar
Desprenda-se do que não lhe serve mais
E vá em busca dos seus sonhos, com paixão
Todo caminho tem o seu começo e fim
E é assim que se evolui no momento certo.

Pés descalços

Pés descalços, unidos ao chão
Onde o vento sussurra e a terra acolhe
Todas as dores e todos os anseios.

Caminhar por esse mundo de olhos abertos
E encontrar o encanto nos cantos mais escuros
Sentindo todas as mudanças, como um poema.

Tocar a terra e sentir os seus mistérios
Encontrar os sentimentos perdidos no caminho
Descobrir a vida através das histórias do passado.

Pés descalços, unidos à natureza
Aprendendo com todos os seus detalhes
E criando raízes que nos ligam a ela.

Viver todas as emoções, intensamente
Fazendo da vida, o melhor poema possível
Descalçando-se e seguindo o coração.

Aprendendo a confiar na vida e nos seus caminhos
Aceitar os acontecimentos, como parte da caminhada
E encontrar forças para continuar a percorrer.

Pés descalços no percurso da vida
Criando paisagens lindas, a cada passo
Aprendendo que é possível viver em liberdade.

Sinceridade

A Sinceridade deixa-nos livres
Para ver a verdadeira beleza
Viver sem temor e abertura
E crer que a vida é uma grande aventura
A sinceridade mostra-nos o caminho certo

Para explorar todos os sentimentos
Onde a amizade e o amor são os verdadeiros presentes
Que nos fazem aceitar que tudo é alcançável.
Sinceridade dá-nos resistência para seguir
Quando as palavras não se dizem
Para alcançar todos os nossos sonhos.

Sinceridade também nos constrói
A partilhar as nossas sensações e emoções
E ensina-nos que não há nada mais importante
Do que o valor da verdade
Vamos unir-nos com sinceridade
Para repartir exultações e inquietações
Para podermos seguir unidos
Em busca da verdadeira satisfação
Não desista da verdade
E nunca esqueça de ser franco
Viva a sua vida com sabedoria.

Sinceridade é a essência da vida
É o que nos mantém unidos e fortes
Sejamos respeitadores e íntegros uns com os outros.

Autoestima

Eu sou tudo o que existe
Todos os meus pedaços e partes se combinam
Não há nada no universo que me possa destruir
Porque a ascendência está dentro de mim.

A minha autoestima é forte e resistente
Estou pronta para superar qualquer desafio
Não aceito o aniquilamento, pois sou capaz
De realizar os meus sonhos com muito valentia.

A minha paixão é minha motivação
Cada passo que dou leva-me mais longe
A minha fé é a minha comunicação
Para alcançar as estrelas e viver o auge.

Nunca esquecerei quem sou
E nem de onde venho
É o meu poder interior que me dá vigor
Para perseverar e prosseguir.

A minha autoestima é minha maior aliada
Sustenta-me quando as coisas ficam custosas
É a força que preciso para enfrentar tudo o que vem pela frente
E tudo depende de mim.

Eu sou a melhor versão de mim mesma
À medida que avanço, cresço e torno-me inabalável
Consigo coisas colossais com muita determinação
Levanto-me, ergo a minha cabeça e vejo o mundo para ser conquistado!

Mágoa...

A mágoa cresce no meu peito
Como uma onda de desespero profundo
Um sentimento que não sai, mas permanece
Para sempre guardado dentro de mim.

Mágoa profunda que me abriga
Sentimento triste e cruel
Lembranças queridas guardadas
Do amor que um dia tivemos.

Tanto sofrimento no meu peito
E a dor que me acompanhou
Mas dentro desse sentimento
Existe um amor incondicional.

Uma recordação sombria
Que me fará companhia para sempre
Mesmo com toda a dor
Aprenderei a aceitá-la.

Nunca imaginei um amor tão grande
E um fim tão doloroso e cruel
Onde a tristeza, no seu lugar
É o que me restou, como uma herança impiedosa.

Não consigo esquecer os dias alegres
Que vivemos juntos
E as promessas que fizemos
Deixando-me com esta profunda mágoa.

Sei não haver nada a fazer
Apenas aceitar este destino cruel
É esse sentimento de mágoa profundo
Que nos mantém conectados.

Promessas e dias felizes
Nunca mais voltarão
E apesar da tristeza no meu coração
Eu sei que sempre o recordarei.

Não existe maior dor no mundo
Do que guardar uma recordação tão triste
E a cada dia eu relembro-me
Do amor que um dia tivemos.

Infelicidade

Ah, a tristeza que me oprime o coração
Eu queria escapar desse mundo tenebroso
Mas descobri que não posso fugir deste sentimento feroz.

Deixei para trás toda a minha felicidade
E vi-me presa a este inferno escuro e sombrio
Onde não consigo ver a luz do sol para me guiar.

Agora sou tomada por essa melancolia tão profunda
Que cada vez me afasta mais da realidade que eu conhecia
E envolve-me numa tristeza que não consigo explicar.

Mas eu sei que, mesmo com tudo isso,
Nunca vou desistir da luta
Vou combater todos os dias para sair desta escuridão.

Vou-me forçar a encontrar algo de bom na vida
Para poder acalmar o meu corpo e a minha mente
E assim conseguir ter um momento de felicidade novamente.

Ah, a tristeza que me oprime o coração
Mas eu não desistirei da luta para reaver a minha vida
Este sentimento será apenas temporário
Realmente acredito que um dia eu serei de novo feliz.

A vida é feita de alegrias e tristezas
Não me posso entregar à desesperança
Vou lutar com todas as minhas forças
Para que no fim possa encontrar a felicidade que mereço.

Surpresa uma emoção!

A surpresa é algo que nos toca profundamente,
Uma promessa de grandezas inexplicáveis.
Em que o mundo se torna mais colorido e emocionante,
Com a incrível magia que as surpresas nos trazem.

Deixemos que essas surpresas nos levem adiante,
Explorando cada novo caminho.
Vamos aventurar-nos e ver onde nos levam,
E descobrir o melhor da vida.

Alegria no meio das incertezas,
Oportunidade de crescer e aprender.
Celebremos as surpresas que nos dão alegria,
Aproveitemos cada momento como se não houvesse amanhã!

Vibrando entre a escuridão e a luz,
Como uma grande magia que nos guia.
A surpresa nos transforma em melhores versões de nós mesmos,
As nossas vidas tornam-se mais preenchidas.

Abracemos essa jornada cheia de espantos,
Gozando cada descoberta como se fosse única.
Aproveite para se conhecer melhor,
E viva como se fosse uma grande visão!

Que possamos celebrar o poder da surpresa,
E que nos leve para lugares nunca imaginados.
Cada descoberta será uma jornada nova,
Celebremos a magia da surpresa!

Nojo afasta-te de mim...

Nojo, que sentimento tão profundo,
Que me deixa triste e sombrio.
As lágrimas caem do meu rosto,
Destilando uma dor cruel.

Eu olho com perplexidade para a vida,
Sem saber se há algo mais do que sofrimento.
Eu odeio o sentimento de nojo,
Que me sufoca a cada dia.

Mas, mesmo assim, eu não consigo fugir desse mal,
É como se fosse um grande castigo.
Nojo, que sentimento tão terrível,
Que adormece o meu coração a cada passo.

As suas garras devoram-me por dentro,
Rumando sempre para o fundo do poço.
Nojo, que sentimento tão amaldiçoado,
Que me envolve por todos os lados.

Nojo, Nojo, que sentimento tão hostil,
Que destrói a minha vida sem piedade.
Eu debato-me e luto contra ele,
Mas sou vencido a cada passo.

Ah, que sentimento tão cruel e destrutivo,
Mas eu estou determinado a vencê-lo!
Desejo que o nojo seja sufocado,
E que eu possa descansar em paz.

Nojo, sou guerreiro determinado a vencer-te,
Enfrentarei os meus medos e aceitarei a minha emoção.
A liberdade que vem com a vitória é a minha obsessão!
Nojo, Nojo, um dia vencerei!

Nostalgia

Nostalgia, o meu amado sentimento,
Querido tanto quanto um presente.
Trazendo-me recordações do passado,
Com saudades de dias sem fim.

Memórias que me invadem a alma,
De momentos de felicidade pura.
Tantos desejos, sonhos e esperanças,
De dias que ainda terão a sua oportunidade.

Ah como as saudades me consomem,
Enchendo o meu coração de tristeza.
Eu sinto tanta nostalgia,
Não posso fugir do passado.

Todas as noites fecho os meus olhos,
Para reviver aqueles dias de outrora.
Cada momento parece inevitável,
Como se o tivesse amarrado.

Memórias que são tão queridas,
Eternamente guardadas no meu coração.
E com elas o sentimento de nostalgia,
Que nunca perecerá dentro de mim.

Ansiedade

Eu sinto-me eternamente atada
À minha própria mente.
As inquietações não param de crescer,
A ansiedade domina os meus pensamentos, atormentando-me.

Todas as vezes que me tento soltar,
A pressão continua a dilatar.
Eu sinto-me como se estivesse presa numa armadilha sem fim,
Sempre à mercê das minhas próprias preocupações e pavores.

Todas as noites são intermináveis
E os dias não param de supliciar.
Cada pensamento parece ser mais difícil de controlar,
E cada vez mais difícil de se livrar.

É como se eu estivesse presa em emboscadas da minha própria criação,
Onde a ansiedade me mantém encarcerada.
Mas eu não vou desistir,
Lutarei até encontrar um caminho para me libertar.

Eu sei que encontrarei a liberdade,
Mesmo que às vezes me sinta subjugada.
Vou-me libertar dos cativeiros da ansiedade,
E assim finalmente viver livre.

Estranhamento

Desconhecido é o sentimento que me invade
Quando me sinto tão estranha e sozinha
Sem saber para onde devo ir, com quem falar ou conversar
A minha alma se aperta num abraço de solidão.

Todas as vezes que me sinto assim, como se nada tivesse um sentido
As sombras do estranhamento pairando sobre mim
O meu coração parece querer fugir e sumir para longe.

Confusão, desconforto, aflição e insegurança
Todas me assaltam num momento de estranhamento
Olho para o céu e vejo as nuvens pairando sobre mim
E dou-me conta da minha pequenez e fragilidade.

Sinto-me perdida no meio no mundo
Quando tudo ao meu redor parece tão distante, tão desconhecido
Vou em busca da luz, dos meus sonhos e desejos,
Para queimar esse sentimento de estranhamento.

Vou resistir às ondas do estranhamento,
Eu sei que não é fácil, mas preciso encontrar a minha saída.
O sol vai surgir e abraçar-me com o seu calor,
E iluminar esse caminho que me trará de volta.

Os meus sonhos vão-me guiar e então eu encontrar-me-ei
Para sair desse labirinto de estranhamento.
E assim quebrar as algemas dessa incerteza, do desconhecido
Estou pronta para voar, lutar e fazer o meu melhor.

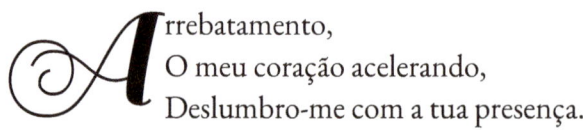

Que emoção tão forte...arrebatamento!

Arrebatamento,
O meu coração acelerando,
Deslumbro-me com a tua presença.

Sinto-me leve,
Como se flutuasse nas nuvens.
Sou consumida pela paixão que me envolve,
Uma sensação de alegria e felicidade que me invade.
Os meus olhos se enchem de lágrimas,
O meu rosto a adquirir uma cor rubra.
É como se o Universo parasse para me surpreender.
Cada partícula do meu ser se entrega a ti,
E, em simultâneo, sinto-me presa numa dança eterna.
Os meus pensamentos viajam longe, explorando novas realidades,
Uma jornada interior que me traz paz e renovação.
O meu corpo vibra com o arrebatamento,
Ensina-me a amar mais profundamente,
A entregar-me incondicionalmente à vida.
O meu amor por ti, aumenta,
E esse sentimento abraça-me nos teus braços.
Esse é o arrebatamento, tão bonito e profundo,
Despertando-me para um novo mundo de possibilidades.
Abraça-me e ensina-me a voar,
Somente descubro o verdadeiro amor.
Vou partir, para onde eu não sei,
Tudo que me resta é uma sensação horrível,
Do medo e da solidão profunda dentro do meu peito.
Ecos de risadas distantes preenchem o ar,
A escuridão estende-se como se fosse o meu destino,
E eu sinto o medo apertar cada vez mais.
Tentativas de escapar, mas sem sucesso,
As sombras se movem lentamente no ar,
E a atmosfera de horror cerca-me de todos os lados,
Enquanto eu me tento mover, fico paralisada.
O meu coração acelerado,
Sinto que estou prestes a ser arrebatada.
Movimentos repentinos e velozes,

Enquanto eu luto para sair dessa escuridão.
Uma onda de terror invade o meu ser,
Mas sinto também a liberdade que vem depois.
Deixo tudo para trás, voando alto e rápido,
Encontro-me a viver uma nova realidade.
Um lugar de calmaria e tranquilidade,
Envolta num sentimento de amor profundo.
Esse é o arrebatamento, a beleza do meu destino.
Não há mais medos ou ansiedades,
Apenas um sentimento de gratidão.
Entro numa jornada para encontrar o meu verdadeiro eu,
Enquanto a liberdade e a felicidade preenchem cada parte de mim.
A minha mente fica livre das amarras do passado,
E abro-me às novas possibilidades da vida.
Sinto um sentimento de arrebatamento,
A beleza do amor eterno que me envolve.
Esse é o arrebatamento, tão bonito e profundo,
Capaz de me preencher com intensos sentimentos.
A minha alma abre-se a novas descobertas,
Enquanto eu deixo tudo o que me impede de amar incondicionalmente.
O amor que sinto por ti, é tão puro e verdadeiro,
De alguma forma o arrebatamento ensinou-me a voar.
É um sentimento profundo que preenche o meu coração,
Enquanto as suas asas levam-me ao paraíso.
O meu arrebatamento acolhe-me com amor,
E o meu coração sabe que nada pode nos separar.
Esse é o arrebatamento, uma jornada de cura e libertação,
Voando livremente, eu abro o meu coração,
Para a verdadeira liberdade que vive dentro de mim.
O amor floresce quebrando as cadeias do passado,

Transformou-me para sempre com esse arrebatamento tão
perfeito.
Envolveu-me com os seus sentimentos intensos e encantadores,
Todas as minhas fantasias se tornam realidade.

Livre de preconceito

Eu sei quem eu sou, aceito-me como sou
Não há nada que pudesse impedir de ser imensa
Os meus sonhos são o meu guia
Para me despedir de preconceitos.

Não sou o que os outros dizem que eu devo ser
Ouvir os seus conselhos, mas faço as minhas próprias escolhas
Aceito quem sou, independente do que pensam de mim
Estou liberta dos preconceitos que me prendiam.

Não tenho medo de brilhar com a minha própria luz
É hora de ser quem realmente sou, livre para pensar e agir
Desde o primeiro dia que decidi seguir os meus sonhos
Tomei a decisão de me despedir dos preconceitos.

Ninguém me pode julgar ou rotular quem eu sou
Ninguém é dono da minha verdade, nem mesmo eu
Este é o meu caminho e não há volta
Estou decidida a conquistar os meus objetivos.

Nada mais pode-me parar, pois sou forte e resistente
Venci os desafios que encontrei pelo caminho
Sei que não estou sozinha, o meu povo acompanha-me
E assim seguiremos, livres de preconceitos.

É hora de acreditar em mim mesma e ser quem sou
Estou pronta para as oportunidades que me aguardam
Nada me pode impedir de alcançar as minhas metas
Porque eu sei que posso tudo, consigo tudo.

Estou em busca da plenitude e felicidade
Livre de preconceitos, orgulhosa de onde vim
Eu sou a melhor versão de mim mesma
E posso tudo a que me proponho.

Despedi-me dos estigmas e da pressão das outras pessoas
Estou a aprender a amar-me incondicionalmente
Não existem limites para minha força e perseverança
Porque tenho autoestima suficiente para vencer em qualquer desafio.

Segredos que guardo

Segredos escondidos nos nossos corações,
Guardados a sete chaves.
A vida guardou segredos à parte,
Ninguém jamais os revelará.

Mas deles lembramos,
Em sussurros e murmúrios,
São segredos da vida,
Que podem sobreviver às eras.

Segredos de amor perdidos no tempo,
Sonhos e desejos escondidos,
Alegrias que já não existem,
E que se guardam para sempre.

Segredos tristes, trágicos e dolorosos,
Que nos atormentam a alma,
Memórias de momentos que jamais passarão,
Que a vida guardará eternamente.

Segredos que nos mudam para sempre,
Experiências que só nós conhecemos,
Mistérios do coração e da mente,
Os segredos da vida jamais esquecidos.

Segredos que nos mostram o verdadeiro,
O caminho para o conhecimento e compreensão,
Ensinando-nos a amar mais profundamente,
E nunca esquecer os segredos da vida.

E quando finalmente chegar a hora,
E esses segredos revisitarem,
Do nosso passado guardado em segredo,
Saberemos que os mantivemos conscientemente.

Aqueles momentos secretos da vida,
Guardados com carinho e amor,
Nunca conseguiremos esquecê-los,
Os segredos cercam-nos por toda a parte.

Segredos que a vida tem para contar,
Vencendo as barreiras do tempo,
São mensagens de sabedoria e compreensão,
Que nos ajudam a seguir.

O passado guardou os segredos da vida,
Para podermos lembrar e aprender,
E assim, quando chegar a hora,
Não teremos medo de olhar para trás.

www.ingramcontent.com/pod-product-compliance
Lightning Source LLC
Chambersburg PA
CBHW041453010526
44107CB00013B/1034